18936

ANTIDOTE

AU

CONGRÈS DE VIENNE

OU

L'EUROPE

TELLE QU'ELLE DOIT ÊTRE

sous le rapport de la politique, de la religion et de l'équilibre des états.

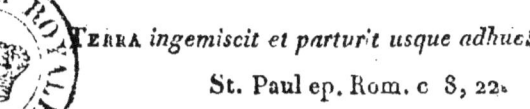

Terra ingemiscit et parturit usque adhuc.
St. Paul ep. Rom. c 8, 22.

TOME PREMIER.

———

EN BELGIQUE,

CHEZ LES MARCHANDS DE NOUVEAUTÉS.

1816.

PRÉFACE.

Le Congrès de Vienne venait de finir..... Le livre de Mr. de Pradt parut; ce fut un évènement.

J'avais déjà travaillé sur ce grand sujet, et mon ouvrage allait paraître; il fallut changer de cadre parcequ'il fallait répondre, et au Congrès, et à son critique.

Un Manifeste des Peuples aux Rois devait être conçu dans un esprit de libéralité, de patriotisme non seulement *universel* mais embrassant *tous les hommes*, la libéralité prise sur une échelle moins large n'étant qu'un *aristocratisme* déguisé. La grandeur d'un *tel acte* exclut le défaut de franchise, comme son importance le défaut de courage. Il s'agit bien de nous! Il faut ici l'égoïsme de l'orgueil, *plutôt* que l'orgueil de l'égoïsme, et la grandeur d'âme que donne le génie, non la petitesse que donne le rang; c'est ici qu'il faut la *pensée pure*, la pensée et rien qu'elle.

A coté de l'effet produit par le livre de Mr. de Pradt, une autre chose bien remarquable et que j'appellerais volontiers un évènement *négatif*, vu l'importance du fait, c'est le silence universel de ceux qui, en Europe ou en Amérique, pourraient écrire sur ce grand sujet. Le livre du Congrès de Vienne est le seul ouvrage sur ce Congrès. Car enfin ce livre n'est pas tout à fait comme l'astre du jour qui à lui seul suffit. Tout soleil qu'il est il ferait tache *dans le ciel de la Vérité*.... Pourquoi donc ce silence étonnant et qui dure encore? Cela n'est pas glorieux pour l'Europe..... On écrit peut-être en Amérique. Faut-il que la lumière nous vienne du nouveau monde? quelle défaite pour l'ancien!

Outre que les erremens de mes idées sont tout autres que ceux du livre de *Mr. de Pradt*, mes opinions diffèrent sur bien des points avec les opinions émises dans ce livre.

Si mon livre a du succès, il le devra à la majesté de son sujet et à la grandeur des principes qui y sont énoncés, principes que l'auteur n'a point tirés ou de ses *préjugés*, ou de ses *passions*, mais de la nature des choses.

Pour s'élever à cette nature des choses, il a fallu faire abstraction, c'est-à-dire se débarrasser des tems et des hommes, et se jetter dans l'avenir.

J'ai cherché la vérité, je n'ai craint que l'erreur, je n'ai pas craint les Rois.

Je me suis dit : il y aura un homme du moins en Europe qui sera vrai, qui n'aura ni les préjugés des heureux, ni les passions ni les lâchetés des malheureux ou des égoïstes.

Placé hors de la sphère où, dans un tourbillon éternel, se meuvent les grands et leur satellites innombrables qui se composent de leurs victimes, de leurs dupes ou de leurs complices; libre comme la vérité j'ai le droit de prétendre en être cru de ceux qui ne sauraient voir par eux mêmes.

C'est en cherchant à instruire les hommes que l'on peut, dit Montesquieu, pratiquer cette vertu générale qui comprend l'amour du tous.

« On ne trouvera point ici ces traits saillants qui semblent
« caractériser les ouvrages d'aujourd'hui. Pour peu qu'on
« voie les choses avec une certaine étendue, les saillies
« s'évanouissent ; elles ne naissent d'ordinaire que parceque
« l'esprit se jette tout d'un côté, abandonne tous les autres. »

Que l'on me pardonne d'appliquer ici ces paroles d'un génie divin. (1)

---

(1) Montesquieu, Préface de l'Esprit des lois.

CONGRÈS DE VIENNE.

LIVRE PREMIER.

DE CE QUE DEVAIT FAIRE LE CONGRÈS.

La Révolution, aidée de Napoléon, à manqué de nous débarrasser des Rois (1); ils sont retombés sur nous de tous leur poids. Jusqu'à quel point en étions nous déjà délivrés? C'est ce que j'examinerai dans les considérations que je vais faire sur l'état de l'Europe après le Congrès de Vienne, considérations destinées à montrer jusqu'à quel point nous avons de nouveau reçu des *Maîtres*.

---

(1) J'entends l'être moral, non la personne, j'entends les *rois féodaux*, c'est-à-dire la féodalité.

Depuis les plages où abordèrent en Europe, avec Araon-Alrachid, les Arts policés, les Sciences sociales, jusqu'aux lieux où naguères un prince moscovite les a transplantés, l'on proclame, à la tête de trois millions de mercénaires sous les armes, le grand principe de la force, l'éternité de la *légitimité*; l'on annonce à l'Europe entière, que dans des tems de barbarie des dynasties *légitimes* ont pu cesser d'être, ce qui rend très-inexplicable la légitimité de celles qui les ont remplacées; mais que le tems de la civilisation étant venu, les dynasties seront éternelles comme la civilisation elle même.

C'est nous annoncer le contraire de ce qui doit, par la nature éternelle des choses, résulter de cette civilisation. Mais quelles seront les conséquences de ce *manifeste* (1) des rois aux peuples. Elles dépendent de nombre de considérations dont les unes portent sur le tems présent, les autres sur le tems à venir. Les

---

(1) Voyez le discours de lord Castelreagh, le manifeste de l'empereur de Russie, etc.

premières sont positives, les autres se résolvent en probabilités, (les conséquences étant multiples) par conséquent en espérances.

Ce tableau qu'offre l'Europe après ce *manifeste* émané du Congrès de Vienne(1), ne peut être fait qu'en écartant tout ce qui peut tenir aux préjugés de la peur et à ceux de l'espérance. L'imagination ne doit y porter ses couleurs, que pour aider la lumière à se faire jour dans l'entendement humain.

L'homme qui lit les ouvrages du jour, se trouve perdu dans un océan de contradictions. Nul ne viendra-t-il débrouiller ce cahos, et dire à la lumière de naître?

Tantôt le génie ne verse sur la terre que des fleurs, force images et comparaisons; les raisons restent au fond de l'urne : tantôt il emprunte au vent ses outres pour ne semer que des tempêtes.

Tel n'est qu'un partisan perfide et ridicule des idées des siècles passés; on dirait que ses *jongleries* vont faire revivre

---

(1) Par l'organe de lord Castelreagh et d'Alexandre.

les morts..... Tel autre se déclare pour les lumières, mais c'est plus qu'un aristocrate, c'est un roi des tems féodaux, revêtissant le manteau de la philosophie du 19e. siècle; brébis, gare le loup !

Au milieu de toutes ces idées *hermaphrodites*, la vérité devient méconnaissable.

En attendant, l'histoire entasse des pages malheureuses; les pages heureuses que lui apporte l'espérance sont des pierres d'attente qu'elle a dû rejetter depuis tant de siècles, et qu'elle rejettera encore, pour la même raison, pour le bon plaisir des rois.

Cependant plus un homme a de talent, plus la société peut exiger de lui; c'est le cas du parabole évangélique.

S'il laisse sa terre en friche, il est coupable.

Au lieu d'exploiter ce fonds au profit de la société, s'il n'y sème que de stériles fleurs, moins faites pour le bonheur des autres, que pour l'honneur du maître du champ, il est coupable.

Si de ce fond il ne tire que des fruits de luxe, ou bien s'il n'en exploite *utilement* qu'une partie, il est coupable.

Il est coupable au dernier point, si dans ce champ précieux il ne fait croître que des plantes empoisonnées, n'y fait cueillir, à la société, que la honte et la mort.

Voilà pour l'homme à talens les quatres manières d'aller contre la destination qu'il a reçue de la nature.

Les applications aux beaux talens de nos jours sont trop faciles pour les indiquer.

L'estime du petit nombre, ceux des Français qui savent penser, voilà le rameau d'or. Désormais, pour obtenir cet estime, quiconque veut écrire, ne doit plus oublier :

1°. Que ce qui est vague est comme non écrit.

2°. Qu'il n'y a de vrai que ce qui est marqué au type de la *généralité* de principe.

3°. Qu'il ne faut pas écrire pour tout le monde.

4°. Que le Français dont je parle, n'est pas l'Athénien qu'avait en vue Phocion, lorsqu'étant applaudi fortement par le peuple, il dit au sage qui était près de lui : aurais-je dit quelque sottise ?

5°. Que dans l'arène de la logique l'imagination joue le role d'une enchanteresse qui laisse tomber des pommes d'or, pour empêcher de gagner le prix.

6°. Que plus le talent (je ne dis pas le génie) est grand, plus les erreurs peuvent être grandes, la grandeur des combinaisons étant sujette à en imposer.

7°. Que pour vouloir porter le fardeau du monde, il faut avoir les épaules d'Atlas.

Je ne commencerai point, ne m'attachant qu'aux *grands* principes, par faire l'éloge du Congrès(1); je ne dirai point qu'il a *débrouillé le cahos*; je ne le vanterai point pour avoir rendu vain le mot de Napoléon, *le Congrès est dissout;* surtout je ne me récrierai point sur la libéralité

---

(1) V. du Congrès de Vienne, préface.

des sentimens professés et mis à exécution par le Congrès. Je ne citerai point son honorable solicitude à l'égard des Suisses, ne pouvant pas dire : *il en est jusqu'à trois* (peuples) *que je pourrais citer.* Enfin, je ne dirai point : nous ne provoquons pas la révision, encore moins le renversement de son ouvrage ; car que pourroient quelques écrivains (qui veulent le bon ordre) contre *un édifice* qui *aurait* pour *jambes de force* un nombre toujours croissant de bayonnettes, bien que la pyramide fut assise sur sa pointe.

A proprement parler, l'Europe n'a qu'un seul intérêt, celui du renversement de cette pyramide. Cet intérêt comprend :

1°. L'amortissement de l'esprit militaire.

2°. L'établissement de l'ordre, non pas en France seulement, mais *partout*, par l'institution des gouvernemens représentatifs.

3°. La paix du monde, qui n'est affermi ni dans l'ancien continent, ni dans le nouveau.

Le premier article et le second rétabliront la liberté et l'indépendance politiques; le troisième rétablira le commerce

Croire que rien d'apparent ne s'oppose à ce qu'on puisse annoncer à l'Europe de longs jours de repos (1), c'est sur le bord d'un cratère rêver la félicité éternelle.

L'état des choses du tems des entreprises de Charles-Quint et de Louis XIV ressemble par trop peu à l'état des choses de nos jours, pour qu'aucune induction puisse être tirée du non-succès de ces conquérans, et pour prédire l'avenir de l'Europe. Napoléon a réussi.... La pyramide n'était pas assise sur sa pointe comme on l'a dit (2); si c'était à refaire, la monarchie universelle serait aussi certaine que l'existence du soleil. (3)

Après un préliminaire aussi franc, j'entre en matière, dégagé de tous entraves, et libre comme la vérité.

---

(1) V. du Congrès de Vienne, préface.
(2) Mr. de Pradt.
(3) Pendant toute la vie de Napoléon, seule chose que voulut Napoléon.

CHAPITRE PREMIER.

PLAN DE CET OUVRAGE.

Que devait faire le Congrès de Vienne ? Qu'est ce qu'il a fait ? Quelle est la position qui en résulte pour l'Europe ? Voilà les trois points de vue sous lesquels l'histoire envisage le grand évènement dont le dix-neuvième siècle fut témoin à son aurore. Je suivrai cette division dans l'examen que j'entreprends de faire du Congrès de Vienne.

Que devait faire le Congrès de Vienne ? Voilà la grande question, l'objet sublime des méditations universelles de l'esprit humain.

En suivant l'ordre *historique* de la matière, on s'arrête d'abord aux préliminaires et à l'ouverture de ce Congrès fameux ; on se reporte aux promesses qu'avaient faites ses membres ; ensuite, partant de l'état où se trouvait l'Europe à cette époque, et après la révolution qu'elle avait subie, on demande quel était l'objet du Congrès ; d'après cet objet, l'on détermine quelles devaient être la nature et les diverses parties de son ouvrage. Delà, l'examen de ce qu'il a fait. D'après cet examen on juge quel a été son *esprit*, et dans quelle position il a mis l'Europe ; ce qui conduit à demander s'il a été légalement constitué, s'il a légitimement opéré, quelle a été la conduite des peuples, et quelle eut été la suprême influence du Congrès, et sa suprême autorité sur l'Europe et le monde, s'il avait été légal dans sa formation et avoué par l'Europe dans ses décrets.

En traitant toutes ces questions comme l'histoire doit les traiter, je commencerai par dire avec Lucien : « La vérité est la seule divinité à laquelle un historien doit sacrifier. Je veux qu'il ne donne rien à la crainte, ni à l'espérance ; à l'amitié, ni à la haine; qu'il ne soit d'aucun pays, ni d'aucun parti; et qu'il appelle les choses par leur nom, sans se soucier ni d'offenser, ni de plaire. »

Je commence par dire aux rois :

Il y a des principes immuables; ils sont puisés dans les rapports éternels des choses. C'est eux qui sont le flambeau de l'histoire. C'est par eux que les rois sont jugés et mis au niveau de tous les mortels : c'est de même par eux que tout homme s'élève jusqu'aux rois. Ils sont sans appel pour tous, car à quoi pourrait-on en appeller ? Il n'y a rien audelà de ce qu'il y a de plus général. Le type unique de la vérité c'est la plus grande *généralité de principe.*

CHAPITRE II.

PRÉLIMINAIRES DU CONGRÈS DE VIENNE.

Jamais la politique n'a ouvert un si vaste champ aux contemplations du génie ; jamais, depuis que le monde existe, le soleil n'a éclairé des évènemens pareils à ceux dont l'an 1814 a été témoin. La chûte de Napoléon et l'ouverture du Congrès de Vienne présentent des faits dont la grandeur et la singularité sont uniques dans les annales des révolutions du monde. Nous avons vécu aux *grands jours* de l'histoire.

C'est ici qu'on peut se donner le spectacle des choses humaines. D'un côté, le Génie de la civilisation, aidé du Génie des conquêtes, poussant la moitié de l'espèce humaine comme vers un nouvel univers, et la forçant d'écraser tout ce que l'autre moitié opposera à son passage vers lui ; un torrent de puissance se gonflant à mesure qu'il se porte plus loin : d'un autre coté, ce même torrent refoulé par les causes qui jusque là avaient continué à le grossir, forcé de remonter vers sa source et s'évanouissant aux lieux où il avait pris naissance. D'un coté, un monde nouveau, enfant précoce de la lumière, lancé un instant sur son orbite, et se dissolvant comme une étoile qui se divise en plusieurs ; de l'autre, l'ancien monde, enfant des ténèbres, trainant sa caducité honteuse sous un ciel nouveau, sous les regards de l'astre des lumières, soleil éternel et sans nuages. D'un coté, l'homme dépouillé de tout ce qui n'est pas lui s'élevant sur les ailes de son seul génie au faîte, jusque là inaccessible, des grandeurs auxquelles il est donné à l'humanité d'atteindre ; s'emparant des sceptres du monde ; faisant des couronnes les hochets de l'esprit humain, et plaçant les trônes terre-à-terre, au niveau du front du sage ; de l'autre coté, l'homme paré de tout ce qui lui est étranger, affublé de toutes les chimères puériles et cruelles, et secondé par les aveugles erreurs, resaisissant des sceptres qu'il dit usurpés ; récupérant des couronnes qu'il a appellés *légitimes* ; escaladant les hauts lieux du monde moral; s'emparant de la foudre, et replaçant dans les nues les trônes de sa domination.

Tout près de ce tableau, qui nous enorgueillit et nous humilie, se place une scène qui n'étonne que par sa singularité, et par l'espèce de grandeur fausse qu'elle présente : c'est celle d'un groupe de rois réunis sur un point du globe pour traiter des destins du monde entier, comme du partage de quelques arpens de terre. Depuis ce célèbre *Congrès* des Triumvirs, ou, dans l'île formée par le Rhenus(1), le soi-disant successeur *légitime* de César, Octave, avec Lépide moins vil, et avec Antoine moins féroce que lui, fit le partage de l'empire romain,

---

(1) Aujourd'hui *Reno*. Il se jette dans le Pô, après avoir traversé le territoire de Bologne.

jamais rien de comparable au Congrès de Vienne n'avait été vu, du moins en Europe, durant l'espace de dix-huit siècles ; et ce phénomène moral est du petit nombre de ceux qu'on ne voit qu'une fois, car tout porte à croire, comme à espérer, qu'il ne se répètera point.

Les successeurs d'Alexandre, de Mahomet se partagèrent la moitié du monde; les descendans de Charlemagne, ensuite ceux de Gengiskan se trouvèrent *lotis*, chacun pour sa part, de vingt peuples devenus leur patrimoine; enfin le pape Alexandre VI, traça la fameuse ligne commençant à une distance de cent lieues des îles Açores et du cap Verd, comme propriétaire universel des *royaumes de ce monde*, et fit donation d'un monde ainsi que de tous les peuples qu'on découvrirait encore.

Mais tout celà tient à des tems, ou à un *esprit* trop barbare, pour être mis en parallèle. Ce n'est pas même un point de départ, comment serait-ce un terme de comparaison ?

Le Triumvirat était composé de tyrans, non de barbares ; leur acte était arbitraire, il n'était barbare que par analogie. Il fut imité dans la suite par d'autres maîtres du peuple romain.

Le premier point de départ que nous trouvions depuis cette fameuse division de l'empire du monde, c'est celui de ce Congrès mémorable où, dans la première crise de l'Europe tendant vers un ordre de choses moins barbare, après ces sanglantes guerres de religion *ambitieuse* et de politique *religieuse*, les deux partis se réunirent à Munster et à Osnabruck. L'Europe s'apperçut de la renaissance des lettres au tems du Congrès de Westphalie, comme elle vient de s'appercevoir de *l'universalité* des lumières au tems du Congrès de Vienne.

Mais au Congrès de Westphalie, le premier où toute l'Europe fut intéressée depuis que les états devenus voisins, d'isolés qu'ils étoient, avaient constitué l'Europe en un corps dont les membres n'avaient plus qu'une existence dépendante

dante et essentiellement relative; à ce congrès, dis-je, c'était comme ennemis que les princes s'assemblèrent alors, et, après six années de négociations, le monde se trouva heureux que le jour de la paix ne fut pas reculé plus loin. De même à Oliva, à Utrecht, à Cambray, à Soissons, à Aix-la-chapelle, à Rastadt, à Campo-Formio, le théâtre des négociations présentait une lutte, non pas un concert; c'était l'image de la guerre, non celle de la concorde; c'était à qui triompherait dans ces combats diplomatiques.

Les auspices sous lesquels s'assembla le Congrès de Vienne étaient plus agréables pour ses membres : on était d'accord avant de se réunir. Chacun avait souffert, avait été humilié; chacun pouvait se livrer à de brillants projets d'accroissement, sans lésion pour un co-délibérant, sans concurrence même; projets d'autant plus doux qu'on s'était moins attendu à les pouvoir faire. On se voyait tout-à-coup en possession du monde entier. De quoi s'agissait-il? uniquement du sort des autres; c'était comme régulateurs que les rois se réunissaient. Plus naguère ils avaient été humiliés, plus ce role les élevait à présent; aucune rivalité, aucun esprit de mesintelligence ne devait troubler leurs délibérations; l'Europe fatiguée attendait en silence.... A la vérité, mille réclamations allaient s'élever : mais on pouvait décider *souverainement*.... Celà est unique, celà ne se répètera point.

L'état moral où se trouvaient les Peuples n'est pas moins remarquable, il est également unique dans l'histoire ; tous avaient souffert pendant vingt-cinq années. A cet égard cependant il se présentait des différences bien grandes. L'Angleterre en avait été quitte pour la peur, et avait, pour se sauver, rejetté sur la triste Espagne la guerre avec tout ce qu'elle eut jamais d'horreurs. Avant celà, Pitt et les successeurs à son esprit avaient rejetté ce fléau sur les autres peuples du continent. L'Autriche surtout avait été la dupe en faisant diversion à la guerre d'Espagne. Au total l'Angleterre avait *joui* de ses sacrifices et de son exil de l'Europe. Mais bien que tel peuple eut plus souffert que tel autre, les peuples en général n'avaient pas *joui* de leur existence durant l'espace d'un quart de siècle ; ils avaient fait des sacrifices jusque-là inouis, et pour prix de ces sacrifices ils venaient tous de voir de près la guerre rendue universelle. Dans l'espace d'une année environ elle avait été allumée aux quatre coins de l'Europe ; son flambeau avait brulé à la fois sur les bords de l'Ebre et sur ceux du Wolga, sur les rives du Danube et sur celles du Pô et de la Seine.

De tous les Européens, les Anglais seuls arrivaient *triomphants* au jour de l'ouverture du Congrès. L'attitude des autres ressemblait plutôt à celle d'hommes défaits. Parmi eux beaucoup l'étaient réellement, savoir, tous ceux qui avaient fait partie intégrante du *grand empire*. Quant à l'Espagne, à la Prusse, à l'Autriche et à la Russie, battues pendant vingt-cinq années, de quoi pouvaient-elles se pavaner? Le Danemarck et la Pologne étaient tout honteux de leur misère; les seuls triomphans (je parle de bonheur, non de gloire) c'étaient les Anglais.

Et delà cet état moral des peuples si favorable aux rois composant le Congrès. Nulle nation ne levait la tête; il semblait que la France donna, jusque dans son malheur, le ton à toutes les autres; nulle nation ne disait : je veux ceci ou cela; il semblait quelles fussent toutes en *jugement*, attendant que les rois prononçassent sur leur sort, *selon leur bon plaisir.*

CHAPITRE III.

QUESTIONS APRÈS LE 31 MARS 1814.

Le 31 mars 1814, doit-il donc changer tout l'avenir ? Peut-il faire que Madrid, Vienne, Berlin, Varsovie n'aient point vu dans leurs murs les armées de la Révolution; son influence sur les futures destinées du monde sera-t-elle ce qu'elle parait devoir être? La chûte d'un homme et la prise d'une ville changeront-elles totalement le cours des choses ? Tout aura-t-il disparu comme une décoration de théâtre ? En un instant, depuis Hambourg jusqu'à Rome, les signes de la révolution seront-ils effacés, les anciens se remontreront-ils au jour (1)? Un jour

(1) V. du congrès de Vienne, p. 2 et 3, T. 1.

changera-t-il la face du monde? La tyrannie aux pieds de fer brisera-t-elle dans sa marche rapide les emblêmes que dans l'espace de vingt-cinq ans la domination des lumières a repandu à six cents lieues de distance? La tourmente politique aura-t-elle détruit les institutions libérales, comme la tempête qui enlève les tentes des voyageurs?

La France a donné l'impulsion au progrès des lumières, a été la cause du grand mouvement qui s'est propagé au loin? Est-ce la France (1) qui sera calmée la première? Elle est déchue, mais est-elle tombée? L'Europe ne vacillera-t-elle point tant que la France subsiste? Que pourront les traités contre le genie du 19ᵉ. siècle? Que pourra le Congrès de Vienne? Pourra-t-il du moins statuer sur les effets physiques qu'ont produits vingt ans de guerre? Mais comment, et d'après quel droit des gens? Il faut ressusciter, ou plutôt faire sortir du néant tout ce qui

---

(1) V. du congrès de Vienne, p. 2 et 3, T. 1.

depuis vingt-cinq ans y est rentré. Le Congrès sera-t-il vraiment universel? Quel effet auront produit les armes? Qui en décidera? Le Congrès de Vienne arrêtera-t-il les invasions de la force, ou *lui même* ne sera-t-il qu'une grande invasion? N'usera-t-il ni de l'épée de Brennus, ni de la baguette de Popilius? Quels seront les élemens qu'il mettra dans la balance? Sera-ce un sénat civil, ou un tribunal assis au milieu d'un camp? Comptera-t-on la garantie des tems passés qu'invoque celui-ci, plus que les dangers des tems à venir que montre celui-là? Qu'est-ce qu'on appellera justice? Qu'est-ce qu'on appellera indemnité? Songera-t-on à la paix? Parlera-t-on d'équilibre? Y aura-t-il en un mot du patriotisme, et surtout du patriotisme universel?

CHAPITRE IV.

ANCIENNE DIPLOMATIE.

Dans une matière si vaste et si embrouillée, je devrai souvent me faire jour à travers les mille et une idées de M^r. de Pradt.

C'est d'abord à l'égard de l'ancienne diplomatie qu'il importe de bien fixer les idées. Obscurcir le point d'où l'on est parti, c'est le plus sûr moyen de fourvoier l'esprit des hommes. On commence par embellir ce qu'on veut louer; double profit, on enlaidit d'autant ce qu'on veut ternir.

On a vanté les habitudes des rois d'Europe. L'histoire nous dit à quoi il faut s'en tenir à cet égard. Je vais dire ce qui ce qui a été, je vais citer les faits ; ce sera peindre.

Que fit Napoléon que l'on n'eut fait la veille encore avant lui ? C'est en politique surtout que l'exemple est funeste, car, en politique, il justifie tout. Or quel affreux tableau n'offrit elle point, par toute l'Europe, dans le tems ou Napoléon jeune encore, formait son être moral au spectacle funeste des choses humaines ? Il voyait ces rois qui s'appellent frères, ces hommes, tous nés dans la pourpre, ne songeant tous qu'à se renverser du trône, conspirant l'un contre l'autre au prix du sang de leurs peuples; il voyait ces *souverains* se jouant avec la plus froide cruauté des nations qui les imploraient, les partageant entr'eux comme de vils troupeaux de bétails ; il voyait la *Diplomatie* toujours errant de crime en crime, souvent d'horreurs en horreurs...... L'Inde mise à feu et à sang par des marchands anglais ; les États-Unis tyrannisés par leur mère-patrie ; la Porte à la veille d'être chassée de l'Europe; la généreuse Pologne longtems outragée, toujours trahie, enfin démembrée; l'Autriche ménacée d'une ruine totale par la ligue Anglo-Prussiene; la Suède conspirant avec celle-ci contre la Russie; la Hollande insultée par une femme et privée pour une femme de son honneur, de sa constitution, et de son indépendance; la Belgique délaissée par ceux là mêmes qui avaient fomenté son insurrection, et contrainte, par ce perfide abandon, de faire la plus honteuse chûte; l'Espagne compromise dans son commerce par le même génie qui mettait la Terre en conflagration; la France enfin, la France, jusque-là toujours victime de sa générosité, menacée d'être démembrée par l'Autriche alors même qu'elle était déchirée dans son sein par ceux qui avaient dirigé le scalpel des sauvages contre leurs propres frères..... Ici une République chatiée cruellement pour s'être changée en monarchie constitutionnelle; là un état monarchique puni d'avoir adopté la forme républicaine;

plus loin des pays ravagés, d'autres outragés pour avoir osé revendiquer leurs droits, leurs privilèges, leur Constitution..... Voilà quelle était la politique des souverains légitimes de la terre, quand Napoléon *croissait*; et celui « qui fit interrompre si souvent le repos de son fils par les tambours de la jeune garde, et voulut l'habituer à la vie des camps » ne fut lui même reveillé pendant sa jeunesse qu'aux explosions des volcans politiques, aux bouleversemens des rangs et des principes, au bruit des sceptres brisés et des trônes mis en poudre.

Telle était la manière dont on travaillait sur Europe ; elle n'était sûrement pas du gout des Européens. Il fallait en rendre compte. Trop de préjugés à cet égard encombrent les avenues qui conduisent vers la vérité ; et quel dommage qu'un génie aussi lumineux et aussi étendu que celui de M^r. de Pradt, n'ait fait qu'achever de la rendre inaccessible pour la presque totalité des lecteurs.

C'est sans doute un spectacle bien digne d'attention, que celui de la diplomatie des vingt-cinq années qui viennent de s'écouler. Jusque là c'était toujours des rois qui avaient commandé dans les villes qu'ils venaient de conquérir et avaient usé de leurs ressources d'après le seul instinct de leur besoin propre, sans ménagemens comme sans crainte, car, au bout du compte, que risquaient ils ? Les *peuples* ne se vengeaient pas d'eux, et plus ils affaiblissaient le pays occupé par leurs armées, moins ils laissaient de ressources à leurs rivaux. Maintenant c'était une troupe de Plébéïens, d'hommes nouveaux qui mettaient l'épée dans un des bassins de la balance, qui faisaient mieux que discuter de pair à pair; c'était les rois qui défendaient péniblement quelques débris; c'était de simples citoyens, naguères encore appellés roturiers, qui commandaient dans la capitale même de celui avec lequel ils traitaient; c'était contre les rois eux-mêmes que les leçons des rois étaient retournées, que les peuples pratiquaient les habitudes machiavéliques, que les stipulations, que les actes signés n'étaient plus que de vaines paroles, et que les trêves, revêtues du nom sacré et des apparences rompeuses de la paix, n'étaient plus qu'un vain nom.

Mais un spectacle plus étonnant encore que celui des habitudes des rois tournées contre les rois mêmes, c'était celui de voir détruire tous ces liens de l'ancienne diplomatie, cette diplomatie qui avait jetté un vaste filet sur le monde esclave; de voir trancher ce nœud gordien, indissoluble pour le génie, et dont la rupture operée par l'héroïsme présageait la conquête du monde à la France et aux lumières; de voir renverser comme une Bastille, *à force de bras,* ainsi qu'on l'avait établi, cet édifice gothique de la diplomatie européenne à l'expiration du 18°. siècle. Droit public, lois civiles, institutions religieuses, tout y passa; tout disparut avec le système de droit politique élevé si péniblement par les traités de quatre siècles, système qui depuis un demi siècle n'avait paru s'écrouler que pour se réprésenter sous une autre forme. La domination des rois fut interrompue ; l'Europe *crut* respirer enfin, se sentant dégagée des liens de l'enfance; la tutelle *inofficieuse* expira ; les peuples se disaient qu'ils allaient passer des actes en leur propre nom ; l'histoire demandait enfin compte aux rois comme à des tuteurs ou à des gérans infidèles. Pas de prescription en aucune matière ; le chef même de la Chrétienté y passerait comme les autres princes ; ses titres allaient être examinés ; on n'en était plus au congrès de Westphalie ; les lois des Boniface VIII, des Grégoire VII, ne seraient plus qu'un hors d'œuvre ; à son tour le vatican serait *foudroyé ;* on allait demander raison *de tout*, et vingt siècles d'usurpation seraient comptés pour un jour.

Voilà ce qu'il fallait rappeler au monde. Et quel est le sage qui ne disait pas à l'ouverture du Congrès de Vienne :

Puisse avec le période malheureux qui vient d'expirer, expirer aussi la *diplomatie*, cette diplomatie scandaleusement perfide, froidement oppressive, et sanguinaire, par qui les rois semblaient naguères conspirer eux-mêmes pour faire mépriser leur autorité, établissant entre l'Anarchie et la Royauté une lutte de crimes, une identité de honte et d'avilissement!

Ce ne sont pas les discussions de pair à pair qui constituent la véritable diplomatie, mais les élémens légitimes qu'on fait valoir, de part et d'autre, dans ces discussions. Si les négotiations reprennent leur antique allure, les peuples entreront encore pour rien dans les traités. La diplomatie va renaître! s'écrie-t-on(1). Eh! si elle doit reparaître avec son cortège féodal et machiavélique, qu'elle rentre dans le néant! c'est le vœu de tout homme de bien. Mieux eut valu cent fois qu'elle eut tardé de paroître jusqu'à ce qu'elle put se montrer aux yeux de l'Europe, digne des lumières de l'Europe.

Nommez-moi les peuples qui sont appellés au Congrès, et je dirai : voilà des préliminaires *diplomatiques*.

---

(1) Du Congrès de Vienne, T. 1. p. 6.

Qu'aurons nous donc gagné au change ? de voir à la diplomatie un aiguillon vénéneux de plus, celui qu'elle darde contre tous les peuples pour défendre un point général commun à tous les rois, la *légitimité*.

La véritable diplomatie ne peut naître qu'avec l'institution *universelle* des gouvernemens réprésentatifs.

CHAPITRE V.

OUVERTURE DU CONGRÈS.

Napoléon était tombé. L'histoire posa un moment sa plume immortelle, attentive à voir s'éloigner des murs de Paris et des plages civilisées celui de qui seul elle avait écrit depuis dix-huit ans, l'homme dont elle eut jamais le plus et les plus grandes choses à écrire; elle voyait s'éloigner des affaires de l'Europe, le seul homme qui n'était pas fait pour les rois, ces rois dont aucun n'était fait pour les peuples; le seul homme couronné dont le mal qu'il faisait, mal immense, devait êtres en résultat, balancé par le bien, bien également immense; enfin le seul prince peut-être de nos jours, et sans doute le seul conquérant de l'histoire, qui lui-même ait cru que les effets de son règne aurait un grand résultat pour le genre humain.

Dès-lors il était évident pour qui était le triomphe, et le triomphe tout entier. Car les rois gagnant ce qu'ils craignoient de perdre, et les peuples perdant ce qu'ils esperaient gagner, tout ce qu'ils avaient mis dans la révolution et dans le règne qui l'avait suivi, se trouvait avoir été mis à une perfide loterie. Compte fait, *en diplomatie*, le profit de la guerre *générale* restait tout d'un côté, la perte toute de l'autre ; les rois se trouvaient remis à leur place, et les peuples relancés au point d'où ils étaient partis.

Napoléon était tombé. Les monarques, avec toute la joie d'hommes qui venaient d'échapper d'un naufrage, se réunirent à Vienne, dans le palais de celui d'Autriche, comme dans le temple de la Fortune à qui ils venaient rendre grâce de les avoir sauvés.

Et le lieu même du Congrès n'était rien moins que ce temple *d'Union-commune*, où les anciens peuples, sous les auspices de la Liberté, envoyoient leurs députés pour prévenir la guerre, terminer leurs différens, et statuer sur tout leur droit public.

De quel peuple de l'Europe les députés furent ils appellés à Vienne ? d'aucun.... pas plus que, dans Milton, les anges de lumière ne sont appellés à voter au séjour ténébreux du Pandémonium.

A quelles tristes réflexions se livrait l'histoire ! Une réunion de rois au milieu de la civilisation du 19ᵉ. siècle !.... après la Révolution française.... après le règne de Napoléon... Cette réunion pouvait-elle être autre chose qu'une conspiration contre les peuples ? Toujours une conjonction de rois a été fatale.... plus que celle des astres. Le présage est certain..... et ce complot tramé au grand jour, nul ne peut le déjouer....

Le mal produit le mal. Il n'en est pas ainsi du bien, trop souvent stérile..... Dans l'espèce humaine, à la différence des autres espèces, *la classe destructrice* peut s'étendre indéfiniment. Un mangeur d'hommes, pour me servir de l'expression d'Homère et de Caton, un tyran multiplie par milliers les tyrans ; c'est là l'espèce vorace par excellence. Défiez-vous de ceux qui crient à la calomnie ; ils sont compris dans ce qu'ils appellent la calomnie.

Quoi ! cent-cinquante millions d'hommes cités devant le siège de trois ou quatre ainés de famille, comme jadis le peuple de Gabie devant le tribunal de Tarquin-le tyran !.... Pauvres humains ! qu'à fait l'imprudent qui a joué l'Europe à la guerre contre les rois ?....

Les rois s'assemblent ; pourquoi ? pour danser sur le tombeau des peuples.

Beau motif de concevoir des espérances parceque les rois s'accordent ! Ils s'accordent ? nous sommes perdus.

Oui, peuples de l'Europe, mes contemporains au dix-neuvième siècle ! oui je donne le signal de détresse..... Défiez-vous de ceux qui vous rassurent..... ce sont des dupes ou des complices.

Jettez les yeux sur la carte : les rois se sont emparé de la clef de l'Europe civilisée. Ils ont pris, à Mayence, leur point d'appui pour péser sur l'Europe et le monde.... Mais peuvent-ils tendre une chaîne invisible qui empêche l'invasion des lumières dans le reste de l'Europe, comme ces rois d'Egypte, qui voulant interdire l'entrée de la mer rouge jettaient à Bab-el-mandel (1) une chaîne qui des deux côtés de l'île se prolongeait jusqu'au continent ?

Comme jadis les papes firent dans les croisades, les rois ont mis l'Europe à cheval pour leur cause. Nous allons le prouver par les opérations de leur Congrès après cette croisade qui, vû son résultat, étoit une croisade contre les lumières.

---

(1) A l'entrée de la mer rouge.

CHAPITRE VI.

POINT DE DÉPART, OU TABLEAU DES SIÈCLES PASSÉS.

C'est ici qu'il faut se reporter à ce qui fut.... Mais comment tracer le tableau du passé? Où est le peintre dont le talent ne serait pas audessous de son sujet?

Les hommes dans ce siècle de lumières n'ont, en général, aucune idée du passé. M^r. de Pradt lui-même, comment a-t-il traité le chapitre du bonhenr des hommes? Qu'il est loin d'avoir posé les vraies bases de calcul à cet égard!

En jettant les yeux sur les tems qui sont derrière nous, plus on s'éloigne de notre tems, plus on voit diminuer la somme de la félicité publique. Plus on a de connaissances et d'étendue d'esprit, moins on doute de cette vérité.

Nous préservent des cruelles absurdités féodales la sagesse infinie, et la civilisation devenant une seconde providence! Le salut du monde ne peut être acheté trop cher. L'homme, en même tems qu'il se doit à lui-même, se doit encore à l'avenir dont ses vertus ou ses lâchetés règlent la destinée. Pourrait-il balancer un moment? Qu'il ouvre les yeux. Entre les pays où dominent les préjugés, et ceux où règne la lumière, quelle différence! Elle est la même, ô homme! que celle qui existe entre la nature cultivée et la nature sauvage. Contemples l'une et l'autre. Vois dans celle-ci, la ronce et le chardon peupler la terre, y usurper l'empire; trop fidéle tableau d'un système entier de tyrans sans vertus comme sans mérite. Vois ces plages désertes, ces landes arides : c'est le vuide affreux qu'offre le monde féodal. Là point de *traces d'hommes.* Ce chêne dont les racines sont si antiques, inabordable au

milieu des bois épais qui l'entourent, n'est-ce pas l'image d'un roi ou d'un noble au milieu de la société? Ces eaux mortes et croupissantes, ces marécages fétides, qui ne nourrissent que des insectes vénéneux, servent de repaire aux animaux immondes, et portent dans leur sein l'horrible peste, n'est-ce pas là l'emblême énergique de cette masse d'hommes qui croupissent dans l'ignorance, fomentent sans cesse une nuée de préjugés, engendrent le despotisme et son noir cortège, le despotisme, cette peste du monde moral. Ces arbres décrépits, chargés de plantes parasites fruits impurs de la corruption, n'est-ce point les seigneurs avec leur honteux et vil entourage? Ces agrestes végétaux qui forment une bourre épaisse, et étouffent les plantes généreuses près d'éclore, n'est-ce pas toute la masse d'un peuple d'esclaves qui, par vanité, par esprit de corps ou de secte, par envie, par égoïsme, sont incessemment aux aguets pour étouffer, dans sa naissance, toute idée noble, tout sentiment élevé, salutaire à
l'espèce

l'espèce humaine : et quand on jette les yeux sur l'aspect général que présente le monde sous le désastreux regime des gouvernemens où les rois et les nobles dominent, ne croit-on pas voir cette nature inculte où l'on n'apperçoit nul vestige d'intelligence, nulle communication, nuls rapports, et où l'on ne trouve que quelques sentiers effraians qui mènent à la demeure *de la bête farouche?*....

O homme! n'entends tu pas une voix divine criant au fond de ton cœur : si l'homme est fait pour ramper au niveau de la brute soumettons nous.... mais s'il est fait pour s'élever jusqu'à l'échelon du céleste habitant, hâtons nous de nous élever! Desséchons ces marais infects; mettons le feu à cette bourre superflue et nuisible ; élaguons le chardon et la ronce ; qu'elles disparaissent ces forêts décrépites; que le chêne altier cesse d'être inaccessible, son ombre nous appartient; que partout des rapports faciles rendent praticable cette terre brute et hideuse : bientôt quelle métamorphose!

la nature est devenue la conquête de l'homme; l'être qui en est le principal ornement a cessé d'en paraître le rebut; le génie a tout régénéré, l'empire de l'harmonie s'annonce, et le monde est devenu un séjour habitable pour l'espèce humaine.

CHAPITRE VII.

ÉTAT POLITIQUE DE L'EUROPE AVANT LE CONGRÈS.

On a cherché à montrer tout ce qu'il y avait de mauvais dans l'état de l'Europe antérieur au Congrès de Vienne. De deux choses l'une, il valait mieux cent fois chercher ce qu'il y avait de bon. Le mal sautait aux yeux; le bien était invisible pour beaucoup, et c'est ce bien qu'il importait de faire voir à *tous*.

L'esprit se jette tout d'un coté; voilà l'effet du préjugé. Voici l'effet d'un certain défaut, ou de génie, ou dans le génie.

Le génie ne consiste-t-il point dans la profondeur qui ne fait pas uniquement de grandes combinaisons, mais qui à force de grandes combinaisons trouve la seule véritable, car il n'en est qu'une?

Or ce qui coute le plus à certains esprits qui ont beaucoup de choses devant les yeux, c'est de les arranger d'après leurs rapports respectifs, et de trouver, comme s'expriment les chimistes, les affinités comparées.

L'esprit d'un homme est l'ensemble de ses idées. Un vice fondamental dans l'esprit, et qu'il importe de signaler, c'est celui qui empêche nécessairement de découvrir les grandes vérités. Tout homme rapporte ses jugemens à ses principes; ces choses sont inséparables. Or le défaut de *généralité* dans les principes, généralité audelà de laquelle il n'y a plus rien, fait que tous les jugemens portent sur une base trop étroite. C'est là qu'est la cause des *grandes* erreurs.

On mesure tout à son aune; c'est donc de l'aune qu'il faut d'abord s'assurer.

Tout était en désordre en Europe (1);

―――――――――――――――――――――
(1) Mr. de Pradt.

mais quelle était la nature de ce désordre? Voilà ce qu'on n'a pas déterminé.

En effet, pouvait-il donc y avoir autre chose encore que du désordre, quand l'ordre ne faisait que naître, et avait besoin du tems pour achever de naître?

Car 1.°, sur l'échelle de la Révolution et sur celle de Napoléon, si les années eussent pu compter pour des siècles elles l'auraient fait; mais ne pouvant ainsi hâter le tems, l'ouvrage que lui seul amène devait se ressentir du défaut de tems.

2.° Le génie de la Révolution, et celui de Napoléon, était bien moins d'édifier que de détruire; et c'était *là* le *grand* ouvrage. Cependant c'était pour édifier qu'il détruisait. Il édifiait mal? que s'ensuivait-il? que ses opérations ne tendaient pas à l'ordre? non sans doute, mais qu'il n'établissait pas l'ordre, ce qui est bien différent; car telle était la nature de ces opérations, que le tems lui seul aurait amené l'ordre à leur suite, et le tems seul le pouvait. Cela est clair comme le jour pour qui a des yeux qui comptent.

3.°. Dans tout ce que vous appellez désordre, il ne faut pas faire entrer en ligne de compte ce qui doit être attribué à la nature même des choses. Le gothique se trouvait à coté du moderne, le barbare à coté du civilisé ; mais pouvait-il ne pas s'y trouver? Hé bien! ce qu'il y avait de plus désordonné dans ce désordre, c'était, non l'ouvrage de l'ouvrier qui travaillait l'étoffe, mais l'étoffe même ; il travaillait sur les débris de la féodalité.

Donc, pour être conséquent, il faut dire non pas : tout était hétérogène parcequ'on n'établissait pas l'ordre ; mais : on n'établissait pas l'ordre parceque tout était hétérogène.

Il ne s'agit pas de savoir si l'on pouvait faire mieux que l'on n'a fait; on le pouvait, et beaucoup, cela est évident ; mais si l'état où se trouvait l'Europe ne devait pas conduire, *nécessairement*, par opposition à l'état où elle se trouve après le Congrès de Vienne, à un bon ordre de choses, ce qui n'est pas moins évident,

Tous les germes de ce bon ordre étaient là, ils ne faisaient que pousser. On les a arrachés d'une manière invisible, et l'on a mis à leur place les *germes* funestes, également d'une manière invisible; j'entends pour la multitude.

Où devait, dans peu, aboutir l'Europe dans l'état où elle se trouvait avant le Congrès? A l'institution des gouvernemens réprésentatifs, institution contre laquelle naguères on fulminait encore (1). Je démontrerai cette vérité dans son lieu.

Déjà l'on pouvait dire : *mens agitat molem* ; à présent, un poids physique de millions de bayonnettes écrase de nouveau la civilisation.

Après la mort de Napoléon, il y aurait eu un Congrès. Il sera curieux de voir dans vingt-cinq ans le tableau comparatif que fera l'histoire, tableau où l'on verra d'un coté ce qui sera arrivé, le résultat qu'on aura ; et de l'autre, ce qui d'après des suppositions diverses serait

---

(1) Mr. de Pradt, Considérations sur la France, et Antidote au Congrès de Rastadt. L'auteur a abjuré ces hérésies.

arrivé, ou le résultat qu'on aurait eu Napoléon ne fut pas déchu.

« Qu'il est à déplorer, dit M^r. de Prad qu'un esprit aussi étendu et aussi lumineux que l'était celui de Napoléon, ai pu s'égarer au point de songer à réuni une foule d'élémens étrangers les un aux autres, sans lien commun de situation géographique, de langage, de mœurs ni d'intérêts. Qui pouvait faire que Rome et Lubeck pussent jamais se croire les membres d'un même état; que tous ces peuples consentissent à l'oubli commun et volontaire de tous les antécédens de gloire et de renommée qui leur appartenaient! (1).

Si l'on avait dit à Napoléon : « que fais tu, ô César! et quel déplorable génie te conduit? Tu n'aspires qu'au role d'Alexandre, quand c'est à celui de la Providence même que tu es appellé, et que l'univers t'attend. Tu peux tout; que dis-je! l'on s'estimera heureux de tout te devoir. Les peuples brisés par la

(1) Congrès de Vienne,

guerre, repoussés par le sort, ne demandent que la paix. Mets à profit ta renommée et ta gloire. Ce que tu peux faire n'a jamais été donné à l'homme de faire. Mets à profit un destin si beau. Il t'appartient de regler l'Europe d'après le vœu des lumières, sur un plan vaste mais régulier; d'établir un système de choses qui a de la grandeur, mais aussi de la stabilité. La France t'appelle le restaurateur de l'ordre social; le monde t'en appellera l'instituteur. Bâtis sur les débris de vingt siècles entassés par la Révolution et par toi. Il faut une main puissante pour reconstruire l'Europe en démolition; il en faut une surtout pour fonder un bel ordre, un édifice digne de ton siècle, digne de toi. Agis au nom du repos général; le monde fatigué n'a rien à te refuser, et ne demande que de pouvoir te benir. Ô Napoléon! c'est pour la première fois qu'une si belle occasion sourit au genre humain; ne la laisse point passer. Songe à l'immense responsabilité qui pèse sur ta tête. Otes de devant nos yeux cette épée terrible ; elle blesse le monde entier, ton sceptre peut le guérir. O Napoléon ! c'est le monde effrayé qui te parle, c'est la France elle même qui te supplie, elle a besoin de se reconcilier avec le monde.»

« N'espéres pas d'ailleurs qu'un grand empire puisse durer.... Ce n'est pas au 19e. siècle qu'on peut le croire. N'entends tu pas la voix de la sagesse qui te crie : Que fait à l'arbre la chûte d'une feuille ? à la forêt la chûte d'un arbre que la foudre a déraciné ? Il n'en est pas de même dans le monde moral. La mort ou la chûte d'un homme change tout le système des choses ; c'est sur la terre une montagne, c'est dans le ciel un astre qui serait précipité dans le néant ; soudain il faut un nouvel équilibre, et la face des choses est changée.

Encore, si les grands empires, si cette œuvre des plus brillantes qualités de l'homme, si cét édifice bâti des mains de la gloire n'était détruit que par une gloire rivale et jalouse ; du moins l'orgueil humain y trouverait son compte. Pour une fois que le monde se glorifie, mille fois il n'aurait pas à rougir.... Mais le grand ouvrage fondé par l'héroïsme, soutenu par le génie, embelli par les vertus, est-ce l'héroïsme, est-ce le génie, sont-ce les vertus qui en entreprennent la ruine ou l'usurpation? est-ce un grand homme qui succède à un grand homme? loin de là. Une troupe de lâches assassins succède au généreux Alexandre; de bêtes féroces à l'humain Jules Cæsar; d'imbéciles au sage Charlemagne. On dirait que le ciel ajoute sans-cesse des ombres au tableau, de peur que le miroir de notre gloire ne soit trop brillant, et que l'homme ne fasse oublier le créateur.

« Ainsi tout est fragile sur la terre, tout passe, tout n'a qu'un tems. Les grands hommes meurent, les grands empires tombent, et l'on n'en voit point renaître de leurs ruines. Un sort commun à tous les États les précipite, après un peu plus ou moins de durée, comme avec un peu plus ou moins de fracas, dans l'abyme du néant. Qu'importe que Rome existe, si Rome doit tomber? A coté de l'orgueil humain vois marcher l'humiliation, et les chars bruyans et nombreux de la médiocrité succeder au grand char de la gloire. Ce colosse immense formé des mains du fils de Philippe, ébranle la terre de sa chûte, et ses débris la fatiguent de leur poids. Les couronnes d'Alexandre, ramassées dans le sang, roulent de nouveau dans le sang, déjà versé autour de sa tombe et de son urne encore fumante. Et pour quoi tant de peines? pourquoi tant d'horreurs? J'interroge l'histoire. Mânes d'Alexandre, de César, de Charlemagne! voyez vos soldats, vos concitoyens, vos fils qui s'entre-déchirent sur votre tombeau; voyez l'orgueil humain semer à l'entour, et les débris de vos empires, et les cadavres des générations immoléés à sa fureur. Pourquoi tant de couronnes accumulées sur une tête mortelle, et que menace déjà ou la faux de la mort, ou le fer de l'homme? pour décorer après vous des successeurs aussi avides d'infamie, que vous mêmes, dans votre fol héroïsme, vous fûtes altérés de vaine et de fausse gloire.

Il eut répondu :

« Imprudent ! tu ne vois pas tout, et tu n'envisages qu'un seul coté des choses. Tu ne sais pas ce qu'il en doit couter au monde pour établir une dynastie nouvelle. La mienne ne fait que de naître, et c'est au monde entier à la soutenir. C'est à moi à y forcer le monde ; et qui le fera si ce n'est moi ? En politique il faut se conduire par des motifs qui sont puisés dans les possibles, quelque soit le jugement que les hommes portent d'une telle conduite. On est ici à soi-même sa providence toute entière. Dès lors le moyen qui est le plus général, et qui pare aux inconvéniens les plus éloignés, est non seulement le meilleur, mais est indispensable. Jamais, non jamais les rois, qui s'appellent exclusivement *légitimes*, ne pardonneront à la Révolution ; jamais il ne transigeront sincérement avec elle. Vouloir que je me renferme dans des limites, c'est vouloir que je prépare l'ouvrage de mes ennemis. Ma dynastie a besoin de gagner du tems, j'ai besoin du tems pour faire pardonner forcément à la gloire de la France. Ce tems je le gagne à combattre, à fatiguer le monde. C'est le seul moyen. Ne vois tu pas vingt ambitions rivales? Ne vois tu pas que l'intrigue peut éluder les sages vues d'une politique toute Européenne, peut se jouer d'un équilibre qui ne durerait qu'un jour? Une seule bataille peut tout perdre; c'est là ce qu'il faut éviter. Le monde est effrayé, dis-tu, devant moi! et moi je suis effrayé devant le monde. Les Rois me feront la guerre si je ne la leur fait point; ils m'attendront dans moins de cinq années. On n'épuise plus l'Europe. Que veux-tu? que je rétrograde! que du moins je m'arrête! Un pays qui n'a que des ennemis ne doit point avoir de frontières. Voilà l'état véritable des choses; et que crains tu? dis plutôt : malheur aux rois!.... car mon char est lancé.

Du reste tout sera compensé ; que dis-je! jamais homme n'aura fait, jamais homme ne fera tant de bien. J'ai les idées du grand.... Je dois planer dessus l'univers.... L'Asie et l'Amérique m'attendent.... Mais il faut détruire avant de pouvoir édifier. C'est par le désordre que je conduis à l'ordre l'Europe et le monde ; ma vie est au combat, c'est à moi de vaincre, le tems fera le reste(1). »

J'ai toujours cru que c'était là les idées-*mères* dans Napoléon. Si elles n'ont pas été des causes absolues, au moins elles ont été des causes concurrentes, ce qui

---

(1) Il faut laisser à l'Histoire à déterminer un jour jusqu'à quel point allaient les craintes de Napoléon, et jusqu'à quel point elles étaient fondées. Ces craintes ont été, si non une cause absolue, du moins une cause concurrente dans la conduite de Napoléon. En parlant ainsi, je n'envisage les choses que sous le point de vue que *l'homme* les vit, non la *science*. Je ne les considère nullement sous le point de vue moral.

D'un autre coté, quand on a de grandes idées, et qu'on est gêné par son *naturel*, par la fatalité de son caractère, chose que le commun des hommes ne conçoit pas, et ne saurait concevoir, le cœur à son tour est dupe de l'esprit. Je ne fais point une apologie, je trace un portrait.

ne m'empêche pas de croire que dans tout état de choses Napoléon n'eut voulu devancer son tems, se jetter, ici comme en tout, audelà de *ce qui est*, ce qui était à la fois son fort, et son faible.

Je reviens à son ouvrage.

C'est bien moins pour avoir réuni une foule d'élémens divers que Napoléon était blamable, que pour avoir écrasé ses peuples et n'avoir pas eu de système intérieur tolérable pour les peuples. C'est avant tout, son administration civile qu'il faut accuser. Qu'importe que Rome et Lubeck ne pussent se croire membres d'un même état? Un bon régime eut caché ces vices, eut même compensé de pareils défauts, qui sont purement *métaphysiques* tant qu'existe celui qui les a établis ; ils sont tels pour les peuples, s'ils ne le sont pas pour les rois et les diplomates. Ces défauts on ne les a pas détruits, tandis qu'on a rétabli les causes de maux *réels*. Tout l'*hétérogène* antérieur au Congrès subsiste, et l'on y a ajouté le plus détestable

table de tous, celui des institutions féodales au milieu des lumières du siècle. Les peuples aujourd'hui ne demandent pas *sous qui* ils vivent, mais *comment* ils vivent; et rien ne serait plus difficile que de trouver encore un peuple qui oserait sincérement, ou plutot sérieusement, objecter ses antécedens de gloire et de rénommée. En révolutionnant une nation, l'on fait valoir ces choses; mais ce n'est pas de ces choses que vit de nos jours une nation.

Pour juger de la bonté *rélative* de l'état politique de l'Europe, il faut dorénavant faire entrer en ligne de compte son état moral. Les nœuds mal assortis datent du Congrès de Vienne. Tite Live ne dirait plus de nos jours : *non sine providentissimo déorum immortalium consilio Alpes Italiam et Galliam divisérunt*; un siècle plutard il le dirait moins encore qu'aujourd'hui. Les différences qui séparent les peuples ne *tranchent* plus que du midi au nord; la civilisation n'a qu'un moule; c'est la barbarie qui établit les *grandes* différences.

CHAPITRE VIII.

DES RÉVOLUTIONS DU DIXHUITIÈME SIÈCLE.

La civilisation dit à l'homme : Contemple les révolutions du dixhuitième siècle : porte ta vue bien loin audelà du présent. Vois par ce qui s'est fait ce qui doit se faire. Regarde d'abord vers le nord de la terre : l'empire de Russie naît, et les Tartares règnent sur une grande partie du monde, sur l'immense étendue de la Chine. La Prusse sort du néant, et l'antique Pologne y rentre. La Hollande et la Belgique ont existé trois siècles; elles ne sont plus. En avançant vers le midi, vois deux monarchies tomber de vetusté, celle des Tuileries et celle du Vatican. Vingt républiques disparaissent dans le tourbillon qui les entraîne; elles disparaissent, mais tous les états vont rajeunir. Le tems jette enfin dans le creuset de la civilisation les élémens hétérogênes de mille codes barbares ou infectés de barbarie. Tourne toi vers l'occident; vois sortir du néant la quatrième partie de la terre, vois la lumière naître pour l'Amérique, vois le ciel du nouveau monde briller sur un peuple né avec Penn, viril avec Washington et Franklin; contemple enfin l'autre extrèmité du globe, et vois s'apprêter l'Inde à échanger les lois de Brama et de Mahomet contre les divins préceptes de Jesus-Christ, et les immortelles maximes de Montesquieu.

C'est de la révolution récente qu'il importe de bien juger. Pour connaître son vrai caractère, il le faut chercher dans la première époque du période de tems dont nous venons de sortir, et au bout du quel le *hasard* seul a triomphé, et n'a triomphé *que d'un homme*; époque que l'histoire rappelle comme unique, et que la sagesse considère comme ne devant point se renouveller chez nous, pas plus que celle du régime féodal; époque où la science ne voit qu'un long état de crise pour la nature humaine accouchant laborieusement d'un système de choses plus parfait; où l'excès de la licence et l'excès du despotisme qui la suivit, donnèrent aux rois et aux peuples la grande leçon, qui couta si cher, celle de savoir se reposer dans la modération; où la terre, pour la seconde fois, douta si elle avait des maîtres; où, pour la première fois, les rois tremblèrent de n'être que des *hommes*, craignirent de n'être que des *singes* sur les autels des *Dieux*; où la réligion fut attaquée dans ses principes, la morale dans son essence, la politique dans ses fondemens; où tout fut confondu, la lumière et les ténèbres, l'erreur et la vérité, le bien et le mal, la vertu et le crime, la civilisation et la barbarie, la philosophie et l'égarement et le délire; où l'homme vanta sa grandeur, rougit de sa petitesse; où la fatalité, ou le malheur fit plus que la volonté, malheur dans l'ouvrage du quel, princes de la terre, vous avez bien votre part à révendiquer! où la nation tendit à l'ordre pendant qu'on la plongeait dans l'abîme du désordre; période enfin qui, affectant dans sa durée les idées de plusieurs générations, a propagé à l'infini son influence sur les tems à naître; qui aura sur la terre un effet universel aussi certain que celui de la chûte d'une pierre dans l'onde, et qui prépara la France, par un long malheur, à recevoir la meilleure constitution connue jusqu'à nos jours, celle de l'Angleterre.

Suivons cette révolution dans sa marche rapide. Deux impulsions sont données, l'une à la nation et par ses ennemis mêmes; l'autre à l'individu par le progrès des lumières. L'agrandissement au dehors et l'ambition personnelle sont tonte la pensée d'une république militaire, et la France l'est devenue. Ses victoires, qui lui paraissent autant de victoires sur les rois, l'ont rendue orgueilleuse. C'est Athènes après ses triomphes sur Xerxès, c'est Rome après les défaites des Tarquins. Déjà des états puissans qui combattaient contre elle combattent pour elle. Elle n'avait que de l'orgueil, elle a déjà de l'ambition. Les deux impulsions redoublent; et la rotation rapide des emplois, et l'accroissement du nombre des places, assurent leur durée, les rend universelles et répand sur le gouvernement une éternelle jeunesse. Les talens naissent et renaissent sans cesse là où se trouve la gloire; là où fleurissent les talens nait la grandeur; là où brille la grandeur s'évanouit la distance des rangs, et voilà ce qui achève la révolution. Le moindre individu s'identifie avec la grandeur de l'état; la grandeur de l'état fait disparaître l'inégalité personnelle. Dans quelque poste qu'on soit placé, l'on sera tout ce qu'il faut être ; préfet, consul, général, ambassadeur, on aura échangé la charrue de Cincinnatus contre la baguette de Popilius.

On a calomnié la Révolution, comme on a calomnié la Philosophie, et pour la même raison. Mais les rétractations qu'on a faites à cet égard ne laissent plus rien à désirer à l'histoire. (1)

A comparer, sous ce point de vue, Mr. De Pradt de 1797 et 1798, avec Mr. De Pradt de 1815 et 1816. --- On ne cite que les sages, on ne tient pas compte des autres.

Oser perfidement blasphemer aujourd'hui cette révolution est une *immoralité* à coté de la quelle l'histoire passera, *à la hâte*, comme à coté d'une peste. Mais qu'importent ses *dégouts à ces hommes corrompus?*

CHAPITRE IX.

CONSIDÉRATIONS GÉNÉRALES SUR L'ÉTAT NOUVEAU DES NATIONS.

Dans les grandes révolutions les petites vont se perdre comme les ruisseaux dans les fleuves, comme les fleuves dans l'océan. La faux de la civilisation n'a pas attendu que celle du tems vint l'aider, et la révolution est venu précipiter son ouvrage. Elle a détruit cette moisson de fausses lois dont s'enorgueillissait la raison en délire, lois qui comme autant de tyrans levaient leur front audessus des hommes, non pour les régir mais pour les dominer. Le flambeau du génie a mis le feu à cette bourre espèce des préjugés qui envahissait tout le champ social.

social. Depuis le beau pays de la Grèce où fleurirent les vraies lois à la suite des sciences et des arts, jusqu'au climat rigoureux où naguères encore semblait s'être réfugiée la barbarie, tout a passé. Où est la Rome de Jules II et de Léon dix? Où est la France de François premier, d'Henri quatre, de Louis quatorze? Où sont ces preux chevaliers, sans peur et sans reproche? Où est cette noblesse si brave autour de son roi un jour de bataille? Où sont ces armées invisibles qui menaçaient également et les rois et les peuples? où sont les Jésuites? où sont ces légions de *Précurseurs*, envoyés par tout le globe pour annoncer l'existence de la *Tiare* et le règne futur du Vicaire de *Jésus-Christ?* Que sont devenues les doctrines des Théocrates, celles des monarques et celles des grands? Il n'y a plus de Venise, plus de Gênes; le Vatican est sans foudres, Madrid et Lisbonne sont sans inquisiteurs, les Tuileries sans lettres de cachet. Qu'importe aux peuples que les rois pleurent, ces rois qui ont ri quand les peuples étaient leurs jouets. Les sceptres et les couronnes sont les hochets de l'esprit humain. «Quatr' planches de bois et un tapis de velours,» voilà les trônes. Les trônes qui ne sont pas terre à terre sont la risée des lumières. *Un roi de nos jours* qu'est-il ? Un homme, et valant moins, le plus souvent, que *tel* autre homme. Le sang des rois n'est plus un sang précieux, ni celui des peuples un sang vil. Vingt têtes plébéïennes ont revêtu le diadème. Qu'importe que le fils de Vasa répande des larmes sur un manteau de pourpre qu'il croit héréditaire ! Tout a passé. La Révolution française en donnant la main à celles d'Angleterre et d'Amérique, a prononcé sur le destin du monde, a renouvellé la face des choses, a fait dater d'une ère nouvelle à qui Napoléon, en précipitant la marche du tems, a mérité de donner son nom.

Après ces considérations générales, quel était l'objet du Congrès de Vienne ?

CHAPITRE X.

OBJET DU CONGRÈS.

Était-ce des sceptres brisés et des trônes mis en poudre, était-ce des intérêts de l'orgueil et des prétentions des particuliers (les princes ne sont que des individus) que le Congrès avait à s'occuper?... Non, car ce travail ne devait être que secondaire, il devait être subordonné à un ouvrage primitif, à un travail bien plus grand. Les intérêts de cent peuples, et par là ceux de toute la terre, voilà quel était l'objet du Congrès de Vienne.

Ce ne sont point quelques années, c'est un siècle entier de révolutions qui avait tout changé. Il n'y a pas moins loin du tems de la chûte de Napoléon, à celui de la mort de Louis quatorze, que de l'an 1715, à l'époque ou les représentans du peuple se présentaient à genoux devant le premier monarque de France qui les *admit* aux états-généraux (1).

Quels bouleversemens opérés dans les hommes et dans les choses. Le dixhuitième siècle a été le siècle des Révolutions. L'état nouveau des nations qui en est résulté indiquait aux rois le sujet nouveau sur lequel devait porter leurs grandes transactions.

Il ne s'agissait plus de l'ancienne diplomatie; elle devait rentrer dans le néant avec l'ancien ordre de choses. Il ne s'agissait plus de la raison du plus fort, partant plus de la raison du plus rusé. C'était au Congrès à commencer à *désarmer*, à en donner l'exemple; c'eut été annoncer à l'Europe que l'épée ne comptait plus pour rien dans la balance politique. Dans le bien l'exemple d'un seul est sans conséquence. Qu'importe

---

(1) Philippe le Bel en 1302.

que le Pape eut dit avec Jésus-Christ : je pardonne, je suis chrétien ; si l'assemblée des rois ne disait pas avec Platon : je cède, je suis philosophe !

Alors seulement la haine et la vengeance eussent été sans excuse sur la terre.

M^r. De Vergennes, disait à Louis seize : « la dixième année du règne de votre majesté n'est pas encore écoulée, et déjà elle a donné quatre fois la paix à l'Europe. » Quelles belles paroles ! quel touchant éloge ! C'était aux rois du Congrès à lier leur ouvrage à celui de Louis seize, seul moyen de rattacher l'an 1815 à l'an 1789, et de prouver la *légitimité* de leur règne.

CHAPITRE XI.

LÉGALITÉ DE SA FORMATION.

Il est clair qu'avant tout, il fallait que le Congrès fut légal.

Cette question de la part des peuples : *qui êtes vous ?* peut elle, aujourd'hui, être faite ou non aux princes ?

Tout est là ; tout est compris dans ces mots : *qui êtes vous ?*

Or puisque nous en étions *là* avec les rois, les rois devaient commencer par se faire *autoriser*.

L'autorité monte des peuples aux rois ; elle ne descend plus des rois aux peuples. Ce grand contresens a disparu, et pour toujours.

Et comme il n'est pas moins clair que si les nations voulaient un Congrès, c'était un Congrès comme elles l'entendaient, non comme l'ont entendu les rois, évidemment les nations prétendaient, *de plus*, y assister. Nous ne les supposons pas frappées de folie pour qu'elles eussent renoncé à ce droit, ou pour qu'on les mit en état d'interdiction, *ainsi qu'on a fait.*

Le Congrès devait donc commencer par se constituer légalement. Ce préalable étant désormais le sine quâ non de nécessité éternelle.

Hé bien! *personne* ne fut appellé au Congrès soi-disant *universel*.

Je parlerai plus loin de la conduite honteuse des peuples.

CHAPITRE XII.

CONCESSIONS ET PROMESSES DES ROIS AU CONGRÈS.

Règle générale : plus les rois disent *blanc*, plus c'est *noir* qu'il faut entendre. Quand cela ne serait pas, en système de prudence, cela doit passer comme étant.

Pour la première fois, et cela fait époque dans l'histoire de la diplomatie, les rois se sont oubliés dans le langage qu'ils ont parlé aux peuples. Mais moins ils paraissaient songer à eux-mêmes, plus c'étaient les peuples qu'ils oubliaient, car ils ne visaient qu'à les trahir.

Armés de toute la logique diplomatique, comme de toutes les forces physiques

siques en leur puissance, ils adressèrent à l'Europe le plus insidieux langage. C'était à qui renchérirait le plus en paroles d'humanité universelle, en idées *pour eux* ultra-libérales. Peccadille ! Ils reduisaient le machiavélisme à un mensonge officieux !

D'après ce langage, trop-beau sans doute pour en être crû, on eut dit que les rois se considéraient comme investis de la Dictature de l'Europe, non point *par la légitimité*, mais par les principes, par le consentement des peuples; on eut dit que ce n'était qu'à terme qu'ils l'avaient reçue et acceptée ; on eut dit enfin que leur puissance expirant au bout de ce terme ils la déposeraient dans le sein du peuple ; au lieu de cela c'était alors qu'ils devaient se trouver rafermis dans ce haut lieu, et qu'ils prétendaient s'y tenir pour toujours.

Un maître ne se tient point lié envers son esclave ; de même les rois envers les peuples..... Mais, en cela, quels étaient pourtant ceux qu'ils imitaient ? la partie des hommes de la révolution désavouée par la révolution, c'est-à-dire, par les idées libérales.

Ainsi ce beau langage des rois est désormais bien effrayant.... Le Congrès de Vienne semble justifier *l'amnistie* terrible des Bourbons?

Les rois ont annoncé, par les opérations du Congrès de Vienne, qu'ils ne se croient liés à rien envers les peuples, et qu'ils font un monde à part.... Est ce pour inviter à les rejetter de celui-ci ?

Voulaient-ils que tant d'incompatibilité entre l'honneur, la justice, l'humanité d'un coté, et la royauté de l'autre séparat, *en principe*, les rois des affaires de ce monde, en attendant qu'ils le soient tout de bon? (1)

Ces Titus, ces Julien, ces Marc-Aurèle *de Théatre* ne nous ont pas fait grâce d'une seule promesse ; ils ont tout promis afin, dirait-on, que rien ne manquat au desappointement. Voilà *nos* rois philosophes !

―――――

(1) Je le répète, j'entends les rois féodaux, j'entends l'être moral, non la personne.

Ainsi ces mots : nous accordons tout; et ceux-ci : nous pardonnons tout, ne sont qu'une ironie scandaleusement cruelle, bien que les mots *accorder* et *pardonner* siéent on ne peut plus mal à la bouche de ceux qui sont tout par la force, et qui eux seuls ont besoin de pardon.

Mais ces concessions, en fait de *principes*, ils les ont faites, les rois; elles sont irrévocables, et l'Europe en a pris acte.

CHAPITRE XIII.

IMAGE DU CONGRÈS DE VIENNE.

Le Congrès de Vienne, si le philosophe, si l'historien doit désormais appeller les choses par leur nom (1), est ce monstre moral qu'indique la fable de la brébis, de la chèvre et de la génisse en société avec le lion.

En effet, qu'a-t-il laissé de l'Europe à l'Europe? Rien. Il s'est fait la part du lion; il a tout dévoré, laissant à quelques races affamées les débris de son monstrueux repas.

---

(1) Le monde n'ira bien que lorsqu'on pourra dire à un roi : vous êtes *ceci* ou *cela*. Un homme de tête ne doute plus de cette vérité.

CHAPITRE XIV.

CHOSES QUI ÉTAIENT A REGLER PAR LE CONGRÈS.

Trois choses étaient à regler par le Congrès :

1°. La politique, comme base de l'ordre social ;

2°. La réligion, comme soutien ;

3°. La paix, comme affermissement.

C'était en envisageant les choses d'après l'état ou se trouvaient les hommes qu'il fallait les regler.

Mais pour cela, pour créer un univers bien coordonné, il fallait que le Congrès commençat par imposer silence au cahos, dans le quel chacun de ses membres, pris à part, entrait lui même.

Que ce grand acte eut été beau.....
Eh bien! le Congrès l'a négligé, l'a méprisé. Dieu de justice! si les hommes sont responsables de tout le bien qu'ils ne font pas et qu'ils peuvent faire, comme ils le sont de tout le mal qu'ils font, ou auquel leur unique intérêt nous expose, quelle effrayante responsabilité pèse sur le Congrès de Vienne!

CHAPITRE XV.

DIVISION DE CE QUI REGARDE LA POLITIQUE.

Amnistie générale, sureté pour les transactions passées, gouvernemens représentatifs par toute l'Europe, et, en conséquence, abolition des restes des institutions féodales, voilà les choses qui se rattachaient à l'*ordre politique*.

Il est clair que si le Congrès ne voulait pas statuer sur toutes ces choses d'après l'état des lumières, il n'avait d'autre mission que celle qu'il se donnait à lui-même, il ne réprésentait pas l'Europe, il n'était *là* que pour lui-même, il ne faisait qu'user du droit du plus fort, il proscrivait les principes les plus sacrés de la révolution anglaise, américaine, française; il était clair qu'il ne s'assemblait que pour complotter contre les peuples; qu'après leur avoir laissé tout le dommage, il prendrait le gain et qu'il poserait *en principe :* 1.° qu'il s'appellait lion. 2.° qu'il était le plus fort. 3.° qu'il étranglerait tout d'abord celui qui trouverait à redire; en un mot il était clair que nous étions encore en société avec *sire Lion.*

CHAPITRE XVI.

DE L'AMNISTIE GÉNÉRALE.

Si une partie de l'Europe ne prétendait pas avoir mis l'autre au tombeau, elle ne pouvait rétablir les anciens propriétaires de trônes, (puisque propriétaires il y a) qu'à des conditions sine quâ non.

Dès que le Congrès parlait *en conscience* au nom de l'Europe, il pouvait tout ; ses transactions n'excluaient rien.

De quelque coté qu'on envisage les choses, il devait *ordonner*, il devait proclamer amnistie pour tous.

Il le devait sous le rapport de la justice, et il le devait en saine politique.

La justice ne lui disait-elle pas ? Considerez qui vous êtes ! un *parti*, rien qu'un parti qui s'est décoré lui même du nom de royal, de *légitime*..... Voilà la voix de l'Europe et du monde !

Voyez d'ailleurs ce que vous mêmes vous avez fait ; n'êtes vous pas jugés ?

Vous deviez pardonner sous le rapport de la justice :

Car 1.°, c'est en vain que vous appellez *politiques* les actes des rois, et *moraux* ceux des particuliers. Ce n'est point par des *principes* que vous êtes montés à la hauteur de cette distinction ; la science l'admet, mais avez vous cette science ? Elle suppose une vue si étendue des choses ! L'application d'ailleurs de ce principe n'exige pas moins de sagesse, pas moins de grandeur dans les idées. Il y a plus, c'est que depuis le tour qu'ont pris les choses de l'Europe il n'y a plus eu lieu, et il n'y aura désormais plus lieu à cette application. Car dès qu'on suppose que vous, rois d'anciennes dynasties, vous vouliez le bien, *prétexte* dont vous vous servez dans votre distinction, vous ne pouviez plus, pour opérer ce bien, faire souffrir de *grands maux* aux peuples ; le plus grand obstacle à ce bien venait de vous.... Vous n'aviez qu'à dire, « ne fesons pas le mal, le bien se fera de lui-même ; laissons faire le tems. » Quand les rois parleront ainsi le monde sera sauvé ; il ne sera sauvé que quand ils parleront ainsi, ou quand ils ne seront plus.

Aucun des rois répondrait-il : « j'avais beau penser ainsi, je n'étais pas seul, je devais regler mes actes sur ceux de mon voisin. »

Quand cela serait, ne deviez vous pas en conclure au Congrès (in globo) que vous deviez pardonner ayant vous mêmes (in globo) tous besoin de pardon ?

2°. Les actes des rois ne sont pas seuls susceptibles d'être qualifiés de *politiques* c'est là une des vérités le moins connues, le moins senties, et qu'on s'obstine le plus à se dissimuler, ou à cacher aux autres.

En dernière analyse, l'erreur grossière où l'on est à cet égard tient au cercle vicieux qui établit la *légitimité*, aux idées logiciennes qui justifient tout dans les rois *légitimes*, comme de faire la guerre à leur patrie, de conjurer l'Europe contre elle, d'immoler tout, et d'abord l'honneur, à l'intérêt de leur couronne.

L'autel de la *chimère* est celui de Nabucodonosor; il exige la destruction des autels de tous les autres Dieux, même celui du *Dieu réel*; mais la chimère elle même une fois détruite, le principe du salut du peuple monte à la place. Or ce principe, *le plus général qu'il y ait*, le *seul* vrai partant, embrasse tous les autres. Tout acte d'un individu, prince ou non, dès qu'il est fait subordonnément à ce principe, est essentiellement juste; et delà cette doctrine irréfragable, la seule éminemment sociale:

La légitimité d'une dynastie étant une chimère, un Stuart, un Bourbon étant un homme comme un autre, le citoyen étant tout par la loi, par le peuple, rien par soi-même, et le salut du peuple étant *la suprême loi*, que fait un homme, quand il se déclare pour une dynastie? user de son droit de membre de la cité. Que fait celui qui le condamne et le punit?

trois choses; il se met hors de la cité et la combat, il la blesse dans un de ses membres, et il attaque un individu; triple délit qu'il commet en s'appuyant *de la loi*, c'est-à-dire en cherchant un point d'appui dans la cité, lui qui s'est placé hors de sa sphère.

Les actes des individus quand ils sont dans ce sens sont *politiques*, ceux des rois quand ils ne sont pas dans ce sens sont *anti-politiques*, au lieu de politiques, comme les rois les appellent.

3°. L'opinion seule de celui qui commet un acte décide de sa *moralité*.... Les Labedoyère, les Porlier, croient-ils creuser un abyme pour la patrie?... au contraire, l'un croit combler celui qu'il voit ouvert devant elle, l'autre la retirer de celui où il la voit déjà précipitée.

Objectera-t-on l'inconvénient de cette doctrine? Certes! ce n'est pas là une objection logique, elle n'attaque pas le principe en lui-même. D'ailleurs l'inconvénient des révoltes est une chimère. Il n'y en aura pas quand les gouvernemens seront *vraiment* légitimes, il y en aura tant qu'ils ne le seront point, et c'est pour celà qu'on les *qualifie* de crimes.

Il fallait donc l'amnistie sous le rapport de la justice.

Il la fallait encore sous les rapports de la saine politique.

Séparer désormais la *justce* de la *raison-d'état* dans les points qui ne concernent que des individus, ce n'est que jetter le masque qui cache le despotisme, la tyrannie.

Jouer le rôle des Trasibule, des Tarquin, abattre les têtes qui s'élèvent au-dessus des autres.... cela n'est plus *possible*; confisquer les biens... non plus; exiler.... jusqu'à quand ?

D'ailleurs pouviez vous balancer ? d'un côté *crimes* inutiles pour l'Europe, surtout pour le nord, de l'autre utilité manifeste.

Ce que je viens de dire de l'utilité manifeste de l'amnistie, ne doit s'entendre que dans le sens général, c'est-à-dire pour tous les peuples. Mais les rois n'adoptant pas le système des lumières, celui de l'utilité générale, je ferai voir bientôt que pour leur utilité propre ils n'ont pas cru devoir adopter l'amnistie. Comme il n'est pas à supposer qu'un Congrès oublie quelque chose, surtout une chose importante, il faut dire que le Congrès n'a pas *voulu* s'occuper de cet objet.

CHAPITRE XVII.

DE LA SURETÉ POUR LES TRANSACTIONS PASSÉES.

Le Congrès s'est si peu occupé du sort des individus que l'inquiétude s'emparant en France de tous les esprits, Napoléon n'avait qu'à attendre encore quelques mois de reprendre ses aîles, pour que la France elle-même les lui remit.

Peut-être l'émigration se fut elle volontiers, en cas de besoin, adressée au Congrès pour ravoir ses biens; elle trouva plus court de s'adresser au chef lui-même de l'Émigration. Ses espérances allaient en augmentant, quand une nouvelle révolution lui arracha une seconde fois, et pour jamais, ce qu'elle avoit déjà repossédé, du moins en idée.

Qui mieux que l'incorrigible orgueil des membres du Congrès savait que l'orgueil est incorrigible, que l'école du malheur est une chimère, quand on n'est pas un Henri quatre, et qu'un Henri quatre est plus rare qu'un Brutus ou qu'un Marc-Aurèle, seuls hommes de l'histoire qu'on puisse lui comparer pour le genre de vertus ?

Et que n'eut pas fait cette Émigration ?.. elle eut volontiers demandé au Congrès de punir la France d'une prospérité qui égalisait trop les rangs, comme cette femme d'un roi de France (1) qui engageoit son époux à punir la ville opulente où tout le sexe s'habillait à l'égal des reines.

L'oubli du Congrès sur ce point, s'il y a eu oubli, ferait croire qu'il y eut également omission de sa part sur l'objet du chapitre précédent, si les choses étaient moins disparates qu'elles ne le sont.

Mais ne croyons pas à cet oubli. Chaque roi légitime, jaloux de sa propre autorité,

---

(1) Jeanne, femme de Philippe-le-bel *qui la satisfit.*

n'a pas voulu heurter la jalousie de l'autre. D'ailleurs il aura encore moins voulu heurter le principe qu'il voulait établir comme pierre angulaire de tout l'édifice qu'il batissait, l'autorité *sacrée* des rois, dans la quelle nul ne peut s'immiscer.

Voilà comme une erreur en entraîne une autre. Tout est lié dans le monde moral comme dans le monde physique.

On dirait que chaque membre du Congrès en agissant ainsi voulait lier tous les autres à lui laisser pleine liberté *réciproque* pour ses péchés futurs.

Ce n'est que pour les rois du Congrès que le Congrès a *consacré* le principe de sureté pour les transactions passées.

CHAPITRE XVIII.

DE LA RELIGION.

J'ai vu mon siècle et j'ai écrit ceci :

Désormais nommer la religion, c'est nommer une *science*.... J'entends en politique.

Nommer la religion, c'est nommer un besoin des hommes. Ce besoin ne doit pas être une passion dominante. Elle peut dominer dans l'individu pris comme homme, c'est-à-dire, être la plus chère non la première de ses passions ; dans l'individu considéré comme citoyen, dans l'état, dans les hommes pris en corps de société, elle doit être subordonnée.

Faut-il un pape dans le monde ? *faites* un pape. Je n'écris pas comme *théologien*, mais comme *homme d'état*.

En religion, comme en autres choses, plus on acquiert de lumières, plus les bigarrures disparaissent par toute la terre.

Jusqu'ici on ne s'est pas encore servi d'un corps de principes politiques en matière de religion; on n'a pas encore *un esprit des lois* à cet égard. Mais Talleyrand était là; de Pradt vivait; on pouvait, on devait, *de plus*, consulter l'Europe; j'aurais donné mon avis. Le Congrès devait profiter des circonstances pour jetter des bases *véritables*. Il n'y a pas de fidèles, dit-on, qui ne soient pour un pape. Pour un pape? oui; mais parlez des idées ultra-montaines..... combien y a-t-il de *fidèles* dans ce sens là?

Un grand pas devait être fait.... que dis-je! il était déjà fait; il ne s'agissait que de rester en place, de jetter l'ancre.

Ce qu'il y a *de chrétien* dans le christianisme une fois déterminé dans les principes du Congrès, il fallait moins songer à organiser ce qui est chrétien, qu'à maintenir la destruction de ce qui ne l'est pas. (1)

---

(1) Je renferme le sens de *toutes mes paroles* dans le sens de la doctrine de l'église gallicane. Soit dit une fois pour toutes.

Il y a *à boire* et *à manger* dans la bible; c'est un pape qui l'a dit : le Congrès était-il obligé d'être plus *orthodoxe* que lui ?.... Mais ce que ce Pape n'avait pas fait, c'était au Congrès à le faire.

On a déjà rescussité les Jésuites et évoqué la Furie de l'inquisition... Voilà l'ouvrage du Congrès, car voilà ce que le Congrès pouvait empêcher.... Est-ce un oubli? je l'ignore.... mais l'histoire dira : quand l'Europe avait acquis le *tact* du *bon sens*, quel détestable tact *politique* pouvoit porter à évoquer cette Furie et ses Bésychides ? (1)

Il y a trois siècles que la Pragmatique sanction et le Concordat avaient *mieux* fait... Fallait-il que l'histoire dît un jour ? « Quand ce ne serait qu'à cet égard seul, l'interruption du règne de Napoléon a été une calamité pour le monde. » J'écris comme homme d'état.

Nous dirons ailleurs ce qui a été fait jusqu'ici en religion. En cette matière, comme en matière d'*équilibre* po-

---

(1) Prêtres du Temple des Furies.

litique, on a laissé échapper une occasion qui ne s'était pas encore présentée, qui pourra revenir, mais qui ne présentera jamais plus, ni tant de facilité, ni moins de désagremens.

CHAPITRE XIX.

CE QU'IL FALLAIT FAIRE EN RELIGION.

Tout cela posé, voici ce qu'il fallait faire :

1°. *Ordonner* à la religion de *pardonner* puisqu'elle ne voulait pas pardonner.

2°. Lui dire de *jetter l'ancre* là où on *l'avait prise*, car on n'a jamais retrouvé Rome, on n'a jamais retrouvé une religion où on l'a prise.

3°. Lui faire faire une déclaration *telle* que par aucun faux fuyant elle ne put dorénavant échapper à ce dilemme : ou vous le pouviez, ou vous ne le pouviez pas : or vous l'avez fait, *donc* etc. (1)

(1) Déjà le Concordat fait avec Napoléon était là ; le Congrès n'avait qu'à l'invoquer; on va loin avec un pareil antécédent....

4°. Prendre des mesures pour faire un pape quand le pape actuel viendrait à mourir.

5°. Oter au pape toute souveraineté *temporelle*, et déclarer Rome ville libre.

6°. Fixer une bonne fois la doctrine religieuse *orthodoxe aux yeux* de la science *sociale*. (1)

7°. Faire de nouveaux évêques, et empêcher qu'on n'augmente le Sacré Consistoire.

Je m'expliquerai sur tout cela

---

(1) Comme ont fait les rois de France, etc. etc.

www.ingramcontent.com/pod-product-compliance
Lightning Source LLC
Chambersburg PA
CBHW070249100426
42743CB00011B/2193